AF348243

Le chanteur éternel

On avait joué au théâtre Louvois,
Le Parleur éternel de M. Charles-
Maurice. Joly me demanda
Le chanteur éternel, que je
fis avec Désaugiers, en deux ou
trois jours. Joly s'était fort
bien de ce tour de force, La pièce
eut un très grand nombre de repré-
sentations.

LE CHANTEUR ÉTERNEL,

VAUDEVILLE

EN UN ACTE;

PAR MM. D***, et D***,

REPRÉSENTÉ, pour la première fois, sur le Théâtre Montansier, le 2 frimaire an 14. (23 novembre 1805.)

PRIX, 15 sous.

À PARIS,

Chez M.me MASSON, Libraire, Éditeur de pièces de théâtre, rue de l'Échelle, N.° 10.

AN XIV. — 1805.

$$\overline{}$$

<table>
<tr><td>

PERSONNAGES.

</td><td>

ACTEURS.

</td></tr>
<tr><td>M. DUCHANT,</td><td>*M. Joly.*</td></tr>
<tr><td>Mme CAQUET, bourgeoise.</td><td>*Mme Bonioli.*</td></tr>
<tr><td>HORTENSE, fille de Mme Caquet.</td><td>*Mlle Cuisot.*</td></tr>
<tr><td>AUGUSTE, neveu de Duchant.</td><td>*M. Cazot.*</td></tr>
<tr><td>M. FIGNOLET, prétendu d'Hortense.</td><td>*M. Vauxdoré.*</td></tr>
<tr><td>M. LEBEGUE, Tabellion du village.</td><td>*M. Lefevre*</td></tr>
</table>

Chœur de Villageois et Villageoises.

Le Théâtre représente une campagne : sur la droite, l'entrée d'une maison bourgeoise, au-dessus de la porte est une fenêtre.

La Scène est à la Campagne.

$$\overline{}$$

A V I S.

Il n'y a d'édition avouée par l'Auteur, que celle dont les exemplaires sont signés par l'Éditeur. On poursuivra les contrefacteurs, conformément à la loi.

LE
CHANTEUR ÉTERNEL.

SCÈNE PREMIÈRE.

M. DUCHANT, Mme CAQUET.

DUCHANT.

Air : *De la Vaudreuil.*

Pour la musique
Je suis unique,
Chant chromatique,
Accent pathétique,
Chanson bacchique,
Air romantique,
Tout à la fois,
Semble fait pour ma voix.

Puis sur la rime,
Comme je m'escrime !
Je traite en vers
Mille sujets divers.
C'est qu'à ma guise,
Moi, j'improvise,
Couplets,
Sonnets,
Pour peu qu'on me le dise ;
Rien ne m'épuise,
Et pour devise,
J'ai pris gaité,
Esprit, diversité.
Je suis enfin,
Quand je me mets en train,
Sans qu'il m'en coûte rien,
Poète et et Musicien.
Oui, je fais tour-à-tour,
Et dans le même jour,
Ou des airs pour mes vers,
Ou des vers pour mes airs.
Pour la musique, etc.

(*Madame Caquet hausse les épaules.*)

Air : *Du Curé de Pompone.*

Ah ! vous doutez de mon talent ;
Mais sachez, je vous prie,

Que je riposte vertement,
Pour peu qu'on me défie.
Vous m'avez attaqué tantôt,
Et vous verrez, Madame,
Que pour placer mon mot,
    Comme il faut,
J'ai l'esprit d'une femme.

  (*Madame Caquet veut parler.*)

Vous vous tairez, bongré malgré,
Je garde la parole ;
Je suis déjà tout pénétré
De l'esprit de mon rôle :
Je suis monté pour quinze jours.
Ah! c'est que j'ai, Madame,
Pour tenir un discours,
    De long-cours,
La langue d'une femme.

Ici l'on entend sonner le premier coup de midi ; l'heure continue à sonner pendant le couplet suivant, chaque coup tombe en mesure avec la fin d'un vers.

    Air : *Une fille est un oiseau.*
Chut! j'entends sonner midi.
Convenons que ce soir même,
De votre fille que j'aime,
Je serai l'heureux mari,
Si, pendant une heure entière,
A ma voix donnant carrière,
Je puis chanter de manière,
A vous faire taire tous.
Notez que je me hazarde,
A vaincre la plus bavarde,
Ainsi, prenez garde à vous.

  (*Madame Caquet fait un geste d'observation.*)

    Air : *De la sauteuse.*
    Je vois,
    Je conçois,
Tout ce que vous allez me dire.
Un gendre aujourd'hui
Doit arriver ; tant pis pour lui.
  Monsieur Fignolet!
    Ce nom promet ;
    Il me fait rire. . . .
  (*Madame Caquet fait un geste.*)
  Oui, je sais qu'il est
    Frère de lait
    Du sous-préfet.

VAUDEVILLE.

Il faudra pourtant,
Que si je gagne ma gageure,
Le cher prétendant
Regagne son département.
Peut-être il criera,
Il se plaindra
De cette injure.
Qu'importe ses cris !
Vous aurez pour vous tout Paris.
Oui, cette méthode
Est celle des gens à la mode. } *bis.*
C'est un créancier
Que vous chassez sans le payer.

(Madame Caquet veut lui faire une observation.)

Air : *Quand on ne dort pas.*
Je n'ignore pas qu'en secret,
Mon neveu brûle pour Hortense,
Et je sais de plus qu'il lui plait ;
Que le fripon a son portrait,
Qu'il a lui-même peint d'avance.
Mais, n'en déplaise à mon neveu,
L'hymen est une loterie ;
Et je sens, qu'un oncle, à ce jeu,
Peut encor (*bis.*) gagner la partie.

(Madame Caquet a l'air de le plaisanter.)

Air : *Bon soir, la compagnie.*
Allons, c'est entendu,
C'est résolu,
Me voilà maître ;
Et vienne qui voudra,
Certe, on verra
Qui parlera.
Oui, je voudrais déjà
Que mon homme fût là.
Vous, de cette fenêtre,
Écoutez sans paraître,
Et vous entendrez bien
Que l'on ne dira rien.

(Madame Caquet veut parler ; Duchant la fait rentrer.)

~~~~~~~~~~~~~~~~~~~~~~~~~~~

SCÈNE II.

DUCHANT, *seul.*
Air : *La faridondaine.*
J'entends tout le village en train
~~~~~~~~~~~~~~~~~~~~~~~~~~~

Qui s'avance
Et cadence,
Pour chanter sur un gai refrein,
L'hymen de notre Hortense,
Mais sur un autre rigodon ,
La faridondaine . la faridondon ,
Je ferai danser le mari
Biribi ,
A la façon de barbari,
Mon ami.

SCÈNE III.

DUCHANT , LE TABELLION , PAYSANS, etc.

(*Les Villageois et Villageoises arrivent gaîment.*)

DUCHANT.

Air : *Qu'il pleuve , qu'il vente , etc.*

Silence, silence, silence !
Amis, plus de chants, plus de danse.
Vous ne savez donc pas encor
Que M. Fignolet est mort !

(*Les Villageois se préparent à témoigner leurs regrets.*)

Air : *De la hullin.*

Fignolet,
Ressentant l'effet
D'une ardeur vraiment conjugale,
En chemin,
Rencontre à Pantin,
Un vélocifère tout plein.
Il n'a que l'impériale,
Pour être commodément ;
Mais toute place est égale,
Quand le bonheur nous attend.
Pour monter , il prend son essor,
Et rêvant à son mariage,
Fignolet, dans un doux transport,
S'étend sur la paille et s'endort.
Crac ! au milieu du voyage,
Par un cahot renversé,
Voilà que tout l'équipage
Culbute dans un fossé.
Fignolet tombe de son haut,
Par dessus lui tombe la vache ;
On l'entend prononcer ce mot :
Ah ! grand dieu ! je fais un fier saut.
Chacun des voyageurs tâche

VAUDEVILLE.

De se tirer d'embarras.
On pleure, on crie, on se fâche ;
Oh ! ma jambe : aye, aye ! mon bras !
Le vélocifère embourbé
Allait repartir pour la nôce ;
Sous le poids du coffre tombé,
On voit le futur tout courbé.
Mais sa tête offre une bosse
A nos regards étonnés ;
Le derrière du carosse
Avait écrasé son nez. . . . .
Il n'était plus ! Mais voyez-donc
Si ce coup n'était pas précoce,
Avant l'hymen, subir l'affront,
De mourir d'unne bosse au front.

Air : *Allez-vous-en, gens de la nôce.*

Tout ce que vous pourriez me dire,
Ne saurait le ressuciter :
Que, sans bruit, chacun se retire,
Et ce soir vous pourrez chanter.
Oui, oui, nous marierons la belle ;
C'est moi qui serai son époux.
   Mais taisez-vous,
   Decampez tous,
Et jusqu'à ce qu'on vous appelle,
Allez-vous-en chacun chez vous.

   (*Tout le monde sort.*)

SCÈNE IV.

DUCHANT, LE TABELLION.

DUCHANT.
Air : *De la Tourière.*
Voyons, Lebegue, à présent,
Le contrat de mariage.
(*Lebegue le lui donne et veut le lui expliquer.*)

Mon dieu ! ne parlez pas tant,
Montrez-le-moi seulement.

LEBEGUE.
Han, han, han, etc.

DUCHANT.
Oui, c'est la forme d'usage.

LEBEGUE.
Han, han, etc.

DUCHANT.
Oui ! laissez les noms en blanc.

LE CHANTEUR ÉTERNEL,

Air : De la croisée.

La vieillesse amène l'ennui ;
Aussi pour oublier mon âge,
C'est moi qui veux dès aujourd'hui,
M'enchaîner par le mariage.
Ce filet étant le dernier
Que la beauté puisse me tendre,
Si je desire un héritier,
Il est tems de m'y prendre.

(Lebegue rit.)

Air : Je verrai donc à chaque instant. (Arleq. affich.)

Quoi ! tu ris de cette union ?
Ta folie est extrême,
En qualité de Tabellion,
Que n'en fais-tu de même ?
Ta plume fléchit sous tes doigts,
Mon ami, tu griffones,
Et ta femme, je le prévois,
T'en taillerait de bonnes.

(Auguste paraît, et écoute.)

Air : Du pas redoublé.

Allons, mon cher, sans plus d'éclat,
Fais ce que je t'ordonne,
Et rapporte-moi le contrat....

(Lebegue rechigne.)

Mais je crois qu'il raisonne.
Autant que toi, je suis têtu :
Ainsi, sois plus honnête,
Et pour ne pas être battu,
Bats-moi vite.... en retraite.

(Il le pousse dehors, et se retournant, voit son neveu qui s'avance en colère.)

<div align="center">~~~~~~~~~~~~~~~~~~~~~~~~~~~~~</div>

SCÈNE V.

AUGUSTE, DUCHANT.

DUCHANT.

Air : Messieurs les demons, etc.

Ah ! mon dieu !
Qu'as-tu donc, mon neveu ?
Il paraît que ce n'est pas un jeu ;
Le feu serait-il à la maison ?
Serais-tu dupe d'un fripon ?
Non ?

VAUDEVILLE. 2

Mais enfin, mon cher, dis-moi, qu'as-tu ?
Qu'est-il survenu ?
As-tu perdu ?
T'es-tu
Battu ?
As-tu quelque créancier pressant ?
Dois-tu de l'argent ?
T'a-t-on menacé du sergent ?
La beauté
Qui t'avait enchanté
Te fait-elle une infidélité ?
Un rival épris de ses attraits
Veut-il déranger tes projets ?...
(Auguste va répondre.)
Paix !
(Étonnement d'Auguste.)

Air : *Tarare ponpon.*
Oui, je lis dans vos yeux,
D'où vient votre colère.
Un autre cherche à plaire
A l'objet de vos vœux.
(Auguste veut parler.)

Permettez que j'achève,
Je suis de bonne-foi,
Celui qui vous l'enlève,
C'est moi.

Air : *Il sert et la gloire*, *etc.*

Vous vous étonnez que l'Amour
Me captive encore à mon âge,
Et que bientôt sur le retour
J'entreprenne un si l'ong voyage :
Mais je suis encore assez verd
Pour que cette épreuve me tente,
Et rose cueillie en hyver
N'en paraît que plus séduisante.
(Auguste tire le portrait d'Hortense et le montre à Du-
chant.)
Air : *Vaudeville de M. Guillaume.*
Penses-tu donc qu'on me ferme la bouche,
En m'opposant de si faibles raisons ?
Vas, la femme la plus farouche,
Est prodigue de pareils dons.
Cette faveur, qu'un caprice fait naitre,
Pour elle, n'est point un lien,
Et tout parlant que le portrait puisse être,
Il ne dit jamais rien.

(*Auguste sort des papiers de sa poche.*)
Air : *Vous m'ordonnez de la brûler.*
Tu vas me montrer, je le vois,
  Les billets de ta belle ;
Que de maîtresses, autrefois,
  M'en envoyaient comme elle !
Pendant quelque tems j'éprouvai
  Bien du charme à les lire ;
Mais au fait, que m'ont-ils prouvé ?
  Qu'elles savaient écrire.

SCÈNE VI.

LES MÊMES, HORTENSE, *arrivant triste et rêveuse.*

DUCHANT.

Air : *Voilà, voilà la petite laitière.*

Voilà, voilà ma petite future,
  Qu'elle est bien dans son négligé !
Voilà, voilà ma petite future,
  Qui vient te donner ton congé.
    (*Il la prend par le bras.*)
  Prête à former un si doux nœud,
  Quel nuage sur sa figure ! . . .
  Ah ! je seus, et j'en fais l'aveu,
  Que je ne suis pas... mon neveu.

Allons, allons, ma petite future,
  Ne redoutez pas mes vieux ans ;
Ce mariage est bien dans la nature,
  Puisque l'hyver touche au printems.
(*Hortense se désole et lève vers lui des mains suppliantes.
Il feint de ne pas s'en apercevoir et la considère avec
amitié.*)
  Air : *Avec vous sous le même toit.* (Fanchon.)
  Le joli bras ! la belle main !
  Que ces graces sont séduisantes !
  Que cet air boudeur est divin,
  Et que ces larmes sont touchantes !
  Mais, pourquoi vous désespérer ?
  Croyez ce que je vais vous dire :
  Ce matin, je vous fais pleurer,
  Et ce soir, je vous ferai rire !
    (*Rayon d'espoir.*)

  Air : *Consolez-vous avec les autres.*
Non, s'il vous plait, n'espérez pas...
Mais d'où vous vient cette surprise ?
Pourrais-je avoir vu tant d'appas ?

Sans que mon ame en fût éprise.
(*Ils indiquent qu'ils s'aiment.*)
Mes enfans, rien n'est plus commun
Dans un siècle comme le nôtre ;
Et l'amour que l'on a pour l'un ,
N'empêche pas d'épouser l'autre.
(*Ils veulent parler.*)

Air : *Du chœur d'Azémia.*

Ne dites rien ,
   Non, rien ;
Ne craignez rien ,
   Non , rien ;
De la prudence !
Tout ira bien.
Mes amis, point d'inconséquence ;
Tout est perdu sans le silence !
   La circonstance
   Le veut ainsi.
Monsieur Fignolet s'avance ,
Ensemble, laissez-nous ici ;
   Oui, le voici ;
   Sortez d'ici.
   Le voici.

(*Madame Caquet paraît à la fenêtre.*)
(*Les amans se retirent.*)

SCÈNE VI.

DUCHANT , FIGNOLET, *vêtu ridiculement, por-
tant un parapluie, une canne, un manchon, une va-
lise. Duchant court à lui et l'embrasse , sans lui laisser
le tems de se reconnaître.*

D U C H A N T.

Air : *Courant de la brune à la blonde.*
Vraiment oui, c'est lui, je pense,
Salut au cher Fignolet.
Venez-vous en diligence,
Ou bien en cabriolet ?
Vous déjeûnerez , j'espère,
Ici , parlez sans façons.
Voyez ce qui peut vous plaire ;
   Choisissez, nous avons
   Des saucissons ,
   Du jambon ,
   Du saumon ,
   Du goujon ,
   Du mouton ,

Du cochon,
Du chapon,
Du dindon ;
Voilà votre ordinaire.

(Il fait signe à madame Caquet que l'on serve.)
(Fignolet le regarde étonné, et se dispose à entrer ;
Duchant lui barre le chemin en s'écriant :)

Fragment du duo du Prisonnier.
Oh ! ciel ! *(bis)* où portez-vous vos pas ?
Oui, c'est bien là qu'est votre belle ;
Mais devant elle,
Ne parlez pas.
(Il lui met la main sur la bouche.)
(On apporte une table servie.)

Air : *Vaudeville de l'opéra comique.*
Elle a, d'un éternel caquet,
La manie assez ordinaire,
Et ce n'est qu'un mari muet,
Qui pourra prétendre à lui plaire ;
Dès lors, mon cher, si vous parlez,
Vous perdez l'objet qui vous touche ;
Ainsi, mangez, si vous voulez,
Mais n'ouvrez pas la bouche.
(Fignolet va pour s'asseoir, Duchant le ramène.)

Air : *Je le mesure à ma toise.* (Diab. coul. de rose.)
Que cet avis vous suffise ;
Quelque chose qu'on vous dise,
Taisez-vous ; il le faut,
Car, si vous disiez un seul mot,
Ce serait une sottise.
(Fignolet marque sa surprise.)

Air : *De la vigne à Claudine.*
Quoi ! cela vous étonne ?
Si vous n'étiez muet,
Je sais, mieux que personne,
Ce qu'il en surviendrait.
Sachez, pour tout langage,
Vous borner aux yeux doux....
Vous avez un visage
Qui parlera pour vous.
(Fignolet fait une révérence modeste.)

Air : *Petite table réveille.* (Fanchon.)
Allons, mettez-vous à table,
Et buvons deux ou trois coups,
(Fignolet se verse à boire.)

A la maîtresse adorable,
Dont vous allez être époux.
   Grace, esprit,
   Tout ravit,
   Tout séduit
Dans cette belle.
Et vous sentirez près d'elle,
Redoubler votre apétit.

(Fignolet court s'asseoir à la table ; Duchant le prend par
la main et l'arrête.)

Air : *Nous nous marierons dimanche.*
   Arrivé lundi,
   On lui fait mardi
L'aveu d'une ardeur bien franche ;
   Et le mercredi,
   Un peu dégourdi,
On caresse une main blanche ;
   L'amant, jeudi,
   Est plus hardi ;
   Il tranche. . . .
   Le vendredi,
   Pour un mari
   L'on penche.
    Ainsi,
    Samedi,
  Tout sera fini. . . .
Vous vous marierez dimanche.

(Toutes les fois que Fignolet se dispose à se mettre à table,
Duchant le ramène.)

Air : *A Paris, et loin de sa mère.*
Mais en voyant cette tournure,
Combien de maris vont trembler !
Nos petits maîtres, je vous jure,
Seraient fiers de vous ressembler.
De goût, de grace, d'élégance,
Voyez quel modèle parfait !
Le plus bel homme de la France,
D'honneur, non, d'honneur, n'est pas si bien fait.

Air : *De la Pâris.*
On m'a dit que vous possédiez
Des talens de plus d'une espèce ;
   Que vous dansiez,
   Que de vos pieds,
   Vous faisiez
Tout ce que vous vouliez.
(Fignolet danse.)

Quelle souplesse !

Quels entrechats !

Rien, de ces pas,

N'égale la finesse.

Prestesse,

Adresse,

Tout est

Parfait,

Cher Fignolet ,

Quel jarret !

Quel mollet !

(*Fignolet court à la table, et se remplit la bouche de biscuits.*)

Ah ! par pitié,

Par amitié,

Que de ce pied ,

J'admire la cadence !

Daignez encor,

Prendre l'essor ,

Car votre danse

Vaut son pesant d'or !

Mais voyez donc

Quel abandon !

Comme il chasse !

Comme il déchasse !

Je crois qu'il danse la trenitz ?

Avec quelle grace

Il passe

Un six !

~~~~~~~~~~~~~~~~~~~~~~~~~~~~

<div style="text-align:center">

SCÈNE VIII.

LES MÊMES, HORTENSE.

DUCHANT.

Air : *Il est sorcier.*

</div>

J'aperçois votre prétendue,

Songez à ne pas dire un mot.

<div style="text-align:center">(*à Hortense.*)</div>

M. Fignolet vous salue ;

Vous ne l'attendiez pas si-tôt ?

Brûlant des feux de la jeunesse,

Aujourd'hui du plus tendre amour

Il accourt

Implorer le retour. . . .

Il vous peindrait bien sa tendresse ;

Mais pardonnez-lui s'il se tait. . . .

<div style="text-align:center">Il est muet. (*bis.*)</div>
~~~~~~~~~~~~~~~~~~~~~~~~~~~~

(*Hortense rit et fait entendre que c'est une plaisanterie.*)

Air : *De Joconde.*

Mademoiselle doute encor
De votre état funeste. . . .
Prouvez-lui, mon cher, quelle a tort.

(*Fignolet porte son doigt à la bouche, et fait plusieurs
contorsions.*)

Tenez, voyez ce geste. . . .
Témoignez-lui quelqu'intérêt,
Ce doute le désole. . . .
Puisqu'il jure qu'il est muet,
Croyez-en sa parole.

(*On entend le refrain de l'Air: Lon lan la derirette.*)

SCÈNE IX.

TOUS LES ACTEURS, MAD. CAQUET, *à la fenêtre.*
DUCHANT.

Air : *Landerirette.*

Mes amis, accourez vîte,
Monsieur Fignolet est là ;
Puisque le mort réssuscite,
Cette fois, on dansera :
Et lon lan la ,
C'est qu'il mérite ,
Et lon lan la ,
Cet honneur là.

(*Tous les paysans dansent.*)
Ecoutez une gageure,
Qui l'autre jour arriva ;
Quelqu'un, sur cette aventure,
Fit la ronde que voilà ;
Et lon lan la,
Zeste, en mesure ,
Ecoutez-la
Et dansez-la.

Air : *Colinette au bois s'en alla.*

Un jour, un oncle paria ,
Au moment où midi sonna,
Traladeridera, (*bis.*)
Qu'à datter de cette heure-là ,
Quoique bien du monde fût là,
Traladeridera, (*bis.*)

Il chanterait parci par là,
Couplets, refreins, etcœtera,
Toute une heure entière;
  Et pour tout cela,
  Il exigea
La main d'Glicère,
Qu'était promis' déjà,
A certain nigaud de Nanterre,
  L' nigaud était là.
     (*On danse.*)
Et pour tout cela, etc.

En effet, le chanteur chanta,
Si bien que personn' ne parla,
  Traladeridera,
Et l' cher oncle qu'avait fait ça,
Pour son n'veu, qu'aimait c'te fill'-là,
  Traladeridera,
Prit leurs deux mains, les rapprocha,
Tandis qu' la mère voyait ça
  Par une fenêtre.
  L'heure s'écoula,
  L' pari s' gagna,
  On s'embrassa;
  L' nigaud voyait tout ça ;
Et monsieur qu' nous envoyons paitre
Est ce nigaud là. (*Il montre Fignolet.*)
    (*On danse.*)
L'heure s'écoula, etc.

SCÈNE X.

TOUS LES ACTEURS.

Air : *N'en demandez pas davantage.*

DUCHANT à *Madame Caquet.*

Une heure va bientôt sonner,
Et puisqu'enfin j'ai l'avantage,
A mon neveu, je puis donner
Ma prétendue en mariage.
   (*Une heure sonne.*)
  Mad. CAQUET.
Ma foi, j'ai perdu.
   DUCHANT.
Moi, je suis rendu ;
   (*Au Public.*)
N'en demandez pas davanta. (*bis.*)
    FIN.